BauWerke 3   herausgegeben von/edited by Ingeborg Flagge

Jörg Friedrich

HAUPTVERWALTUNG STADTWERKE WITTEN
ADMINISTRATION CENTRE MUNICIPAL SERVICES WITTEN

Ernst & Sohn

Die Deutsche Bibliothek – CIP-Einheitsaufnahme
Hauptverwaltung Stadtwerke Witten = Administration Centre
Municipal Service Witten/Jörg Friedrich. –
Berlin: Ernst und Sohn, 1994 (Bauwerke; 3)
ISBN 3-433-02441-3
NE: Friedrich, Jörg; Administration Centre
Municipal Service Witten; GT

Fotonachweis/List of photographs:
Klaus Frahm 12, 14, 20 bis 66
Detlev Korn, Hamburg 75(r)
Heiner Leiska, Hamburg 69, 73, 79
Thomas Riehle, Köln 74
Julius Siebert 71(u)
Take, Hamburg 32, 68, 72, 75(l), 78

Diese Publikation unterstützten dankenswerterweise/Our grateful
thanks to the following for financial assistance with this publicaton:
Stadtwerke Witten GmbH, Witten an der Ruhr
Dr. Varwick, Horz, Ladewig, Köln
Ernst Nipp & Co., Bremen
Kubitza, Recklinghausen
Riedel, Holzwickede
ERCO Leuchten, Lüdenscheidt

Umschlagfotografie/Cover photography:
Klaus Frahm
Übersetzung ins Englische/Translation into English:
Michael Robinson
Gestaltung/Design: Sophie Bleifuß, Berlin
Satz/Typesetting: Ditta Ahmadi, Berlin
Reproduktion/Reproduction: Reprowerkstatt Rink, Berlin
Druck/Printed by: Ratzlow Druck, Berlin
Bindung/Binding: Lüderitz & Bauer, Berlin

© 1994
Ernst & Sohn Verlag für Architektur
und technische Wissenschaften GmbH, Berlin
Ein Unternehmen der VCH Verlagsgruppe/A member of the
VCH Publishing Group

ISBN 3-433-02441-3

INHALT
CONTENTS

Es gibt keine bessere Bezeichnung für die Wüste aus konturlosen Industriebrachen, beliebigen Flächen und Verkehrsschneisen als Christa Wolfs Titel einer Erzählung aus dem Jahre 1985: »Kein Ort. Nirgends.«

In solchem Niemandsland ohne jede Eigenart, die ein Architekt als Inspirationsquelle benutzen könnte, ist nichts aufzunehmen, nichts fortzuschreiben, kein Zeichen, kein Charakter, keine Tradition. Alle Inspirationssuche läuft sich hier tot. »Kein Ort. Nirgends.« liegt meist an Ausfallstraßen – dort, wo die Stadt ausfranst und sich in Gewerbehöfen, Tankstellen, Baumärkten und anderen Unorten zerfleddert und verliert.

In Witten lag der Nicht-Ort, den sich die Stadtwerke als Stand-Ort für ihr neues Verwaltungszentrum ausgesucht hatten, an einer Kreuzung am Rande der Peripherie. Die stadteigene Fläche an der Kreuzung Westfalenstraße/Dortmunder Straße beherbergte bereits Werkstätten, Lager und einen Teil der technischen Verwaltung.

Wer diese Umgebung vor der zugegebenermaßen beeindruckenden Industriekulisse mit Türmen, Schornsteinen und alten Fabrikgebäuden nur heterogen nennt, meint es gut mit der Banalität des Ortes. Gewerbegekröse, beherrscht vom Lärm und Gestank der Straße, ist die treffendere Charakteristik. Sich für diese Grauzone ein Stück Architektur einfallen zu lassen, eine Gestalt von Eigen-Art zu definieren und diese durchzusetzen, ist ein Kunststück. Jörg Friedrich ist dieses Kunststück gelungen.

Die Stadt hat allerdings mit ihrer Absicht, ihrer »Rückseite« mit dem Neubau ein neues Gesicht zu geben und somit dort eine Stadtentwicklung zu initiieren, die die umliegenden Brachen in begehrte Flächen verwandelt, Schiffbruch erlitten. Die wirtschaftliche Flaute, die Ebbe in den

There is no better definition for the desert of shapeless derelict industrial land, featureless areas, roads and railways than Christa Wolf's title for a story she wrote in 1985: »No place. Nowhere.«

There is nothing with which to connect in a no man's land like this without any qualities of its own, nothing that an architect could use, nothing he could continue; there are no signs, no character, no tradition. Any search for inspiration is doomed to failure. »No place. Nowhere.« is usually near a feeder road – where the town is getting frayed and is falling apart into industrial estates, petrol stations and DIY hypermarkets.

In Witten the non-place the municipal services department chose for their new offices is at a crossroads at the edge of the periphery. The site owned by the city at the junction of Westfalenstrasse/Dortmunder Strasse already housed work-shops, warehouses and part of the technical administrative section.

Anyone who says that these surroundings, seen against an admittedly impressive industrial backdrop of towers, chimneys and old factories, are merely heterogeneous, is being good-natured about the banality of the place. It would be more accurate to call it »industrial giblets«, dominated by the noise and stench of the road. Trying to think of a piece of architecture for this grey area, defining a shape that is true to itself and making sure that it is built is a major feat. Jörg Friedrich has managed to pull it off.

The town has certainly foundered in its intention of giving its »back« a new look with this new building, and thus initiating a piece of urban development that will transform the surrounding derelict areas into desirable sites. But the economic doldrums, the low level of public

öffentlichen Kassen und gehemmte Investoren haben den ambitionierten Plänen der Stadt einen Strich durch die Rechnung gemacht. Die Rückseite blieb Rückseite, und die Stadtwerke sind weit und breit der einzige bauliche Lichtblick im Niemandsland.

Zum Wettbewerb 1989 waren acht Architektenbüros eingeladen worden, vier ortsansässige und vier aus anderen Regionen der Bundesrepublik. Das Ziel des Wettbewerbes war nicht nur ein Neubau, sondern eine Neugliederung des gesamten Betriebsgeländes und ein Aufzeigen von Entwicklungsachsen. Die hier vorhandenen Bauten muß-ten erhalten werden, besonders der Verwaltungsbau von Hanns Dustmann vom Ende der fünfziger Jahre. Jörg Friedrich erhielt den ersten Preis aufgrund der prägnanten Gestalt seiner Architektur und der von ihm vorgeschlagenen schrittweisen Realisierung der verschiedenen Ausbaustufen.

Die Stadtwerke Witten GmbH ist verantwortlich für die Gas-, Strom- und Wasserversorgung, für Fernwärme, die Ruhrfahrgast-Schiffahrt und neuerdings auch für den Bäderbetrieb. Ihre Vorstellungen über das neue Domizil waren optimistisch kalkuliert: Der Flächenbedarf war im Wettbewerb wesentlich größer dargestellt als schließlich realisiert; es sollten dort ursprünglich doppelt so viele Mitarbeiter beschäftigt werden als die ca. 150 Personen, die heute in der neuen Zentrale der Stadtwerke arbeiten.

Das Gesetz des steten Wachstums will es so: Wer umzieht, will sich verbessern. Wenn eine Behörde schon die Pionierleistung vollbringt und aus der Innenstadt an die Peripherie zieht – und damit ein Zeichen setzt –, dann ist der Anspruch auf ein wenig mehr Komfort durch mehr Platz und ein bißchen mehr Macht und Gewicht durch einen größeren Mitarbeiterstamm durchaus gerechtfertigt.

Wie bei jeder Behörde war das Wettbewerbsprogramm minutiös festgelegt; es hängt von der Mentalität des Architekten ab, ein solches »Korsett« als Einengung seines Spielraumes oder aber als Herausforderung seiner kreativen Fähigkeiten anzusehen. Dem schönen Bau jedenfalls

funds and inhibited investors have spoiled Witten's ambitious plans. The back remains the back, and the municipal services are the only gleam of architectural hope far and wide in no-man's land.

Eight architects' offices were invited to participate in the 1989 competition, four local ones and four from elsewhere in Germany. The aim of the competition was not just a new building, but a new structure for the whole of the commercial site and an indication of development axes. The buildings already on the site had to be preserved, especially Hans Dustmann's late fifties office building. Jörg Friedrich won first prize because of his succinct architectural forms and the gradual realization of the various building stages that he suggested.

Witten municipal services, a limited liabilty company, are responsible for gas, electricity and water supplies, district heating, passenger shipping on the Ruhr and recently for public baths as well. Their ideas about their new home were worked out on a basis of optimism: the area required was presented as considerably larger for the purposes of the competition than was finally realized; originally more than double the number of workers was to be employed there than the approximately 150 people who now work in the new municipal services headquarters.

The law of continual growth dictates that whoever moves house, does it in order to get a better place. If a public institution acts a pioneer and moves out of the city centre to the periphery – and this sets an example – it is entirely justified in seeking a little more comfort by using more space, and in wanting to gain a little more power and status by increasing its staff.

As is the case with any public institution the competition parameters were defined down to the last detail; it depends on the mentality of the architect whether he feels that a »corset« of this kind cramps his style, or whether he sees it as a challenge to his creative abilities. Certainly this beautiful building shows no sign of earlier restrictions. No-one would sense a concentration of bureaucracy behind this white architecture.

ist die enge Ausgangsposition nicht anzumerken. Niemand würde hinter dieser weißen Architektur geballte Bürokratie vermuten.

Der Taxifahrer, der vom Bahnhof Witten zu den Stadtwerken fährt, ist Volkes Stimme. Er schimpft über das teure »Denkmal«: Die da oben könnten ja nicht genug kriegen. Die Mitfahrerin, die wie gewohnt das Gespräch sucht, stellt sich innerlich auf Marmorverkleidung und protzige Repräsentation ein und sucht Fakten herauszubekommen, die solche Empörung rechtfertigen. Witten: seit der Eingemeindung von Herdecke ca. 120.000 Einwohner, SPD-Mehrheit, zur Zeit ca. 14% Arbeitslosigkeit, Tendenz steigend, keine Zechen, aber stahlverarbeitende Industrie, Zulieferbetriebe für die Automobilherstellung, eher mittelständische Unternehmensstruktur als Großindustrie.

Als das Taxi hält, genügt ein Blick zu wissen, daß die Reise sich gelohnt hat und frau einem seltenen Stück guter Architektur gegenübersteht. Volkes Stimme hat eben nicht immer recht.

Die Hauptfassade zur Westfalenstraße zeigt die überzeugendste Ansicht der Integration von vorhandener alter in neue Architektur, die den Gesamtkomplex kennzeichnet. Die neue Stahlglasfassade des Altbaus wird von einer großen Wandscheibe aufgenommen, die als ziegelverkleideter, vor die Fassade gesetzter Rahmen zum Neubau vermittelt und in dessen Foyer sie den Blick von der Straße durch schmale Schlitze, große Fenster und haushohe Öffnungen einlädt. Über dem quadratischen Fenster in der Fassade ragt, von Säulen getragen, das dreigeschossige Oval des Verwaltungsbaus empor; es überragt die niedrigere zweigeschossige Bebauung wie ein Turm.

Das Oval liegt quer zu den beiden unteren Geschossen; seine Schmalseite kragt weit in den Straßenraum hinein, wie ein großes Nest, das über die Äste, die es halten, hinausreicht. In dieser Form des Verwaltungstraktes liegt ein doppelter Anspruch: Der »Geist-Turm« – so die Formulierung eines Mitarbeiters der Stadtwerke – steht über den »gemeinen Diensten« mit (wenn auch geringem) Publikumsverkehr; die Kopfarbeiter stellen die anderen phy-

The taxi-driver who took me from Witten station to the municipal services building was the voice of the people. He grumbled about the expensive monument: that lot up there are never satisfied. His passenger had wanted to talk as usual, and started to prepare herself mentally for marble cladding and general showiness. She also tried to find out a few facts that would justify such outrage. Witten has had 120,000 inhabitants since it absorbed Herdecke; a socialist majority; about 14% unemployment at the time of writing, with a rising trend; no pits, but steel processing firms supplying the motor-car industry, middle-sized rather than large-scale businesses and industries.

When the taxi stops the author can tell at a glance that the journey has been worth while, and that she is looking at a rare piece of good architecture. The voice of the people is not always right.

The main façade on Westfalenstrasse gives the most convincing view of the integration of existing old architecture into new architecture that is a feature of the whole complex. The new steel and glass façade of the old building is taken up by a large shear wall that forms a link with the new building as a brick-clad frame set in front of the façade; from the foyer of the new building it offers a view of the street through narrow slits, large windows and openings rising to the full height of the building. The threestorey oval of the administrative building, supported on columns, soars above the square window in the façade; it stands over the lower two-storey development like a tower.

The oval is at an angle to the two lower storeys; its narrow side thrusts far out over the street space like a nest sticking out over the branches that support it. The administrative building's shape has dual significance: the »mind« tower – this formulation came from an employee of the municipal authorities – is set above the »common services« to which the public have access (even though in small numbers); the brain-workers put their colleagues physically »in the shade«. At the same time the oval reaches out over the boundary of the line of buildings into the public space and states clearly: »I am entitled to this«. The terraces

sisch »in den Schatten«. Gleichzeitig greift das Oval über die Grenze der Bauflucht hinaus in den öffentlichen Raum hinein und sagt deutlich: »Dies steht mir zu.« So überragten Altane von Schlössern und Burgen ihre Umfassungsmauern; so zelebrierten Loggien in italienischen Städten den Ausblick und den Auftritt ihrer Herren.

Solche Sicht allerdings teilt sich dem Autofahrer, der mit 50 Stundenkilometern über die Kreuzung fährt, kaum mit. Die Geschwindigkeit reduziert für ihn den Bau auf ein komplexes helles Gebilde aus viel Weiß und Glas, dessen Formbewußtheit und -betonung in dieser ästhetischen Öde wie ein kleiner Schock wirkt.

Die ziegelverkleidete Wandscheibe, die den Altbau und das neue Foyer optisch zusammenhält, löst sich zur Ecke Dortmunder Straße/Westfalenstraße völlig auf. Was als Mauer, als Riegel, zwischen dem Bau und der Straße gedacht war, entstofflicht sich. Übrig bleibt ein dünnes Rahmenwerk, das an der Ecke im rechten Winkel zurückspringt, um sich am Ende des quadratischen Hofes, den es bildet, mit einem weiteren zweigeschossigen Teil des Neubaus zu treffen.

Die auf schmale Stege und Säulen reduzierte Wand schirmt nur noch symbolisch gegen die Straße ab. Immerhin genügt die luftige Begrenzung, einen Vorhof zum Eingang zu suggerieren, einen Übergang vom öffentlichen Raum der Straße in den halböffentlichen der Eingangszone. Durch seine luftige Umgrenzung wird der Hof, zu dem von der Westfalenstraße neun Stufen hinauf- und zur Dortmunder Straße eine schräge Rasenfläche hinunterführen, zur Zwischenzone von Innen und Außen. So – wenn auch raffinierter – hat auch Axel Schultes seinen Eingang in das Kunstmuseum Bonn inszeniert.

Der Besucher, der nun auf gleicher Höhe mit der Eingangstür zum Foyer unter dem Oval steht, zögert. In diesem ein wenig höher als die Straße gelegenen Hof ist er schon halb im Bau selbst. Das hat mit der Rückwand des Hofes zu tun, der durch einen weiteren Neubauteil gebildet wird. Durch seine zweigeschossige Verglasung bietet er ungehinderten Einblick in ein Gruppenbüro im Erdge-

of palaces and castles thrust out above their surrounding walls in just the same way; in the same way loggias in Italian towns celebrated the view, and the appearances made by their lords.

However, a motorist driving across the junction at 50 kph will hardly share this view. For him speed reduces the building to a complex, light building with a lot of white and glass whose formal confidence and emphatic presence are something of a shock in this aesthetic wilderness.

The brick-covered shear wall that forms a visual link between the old building and the new foyer dissolves completely at the junction of Dortmunder Strasse and Westfalenstrasse. Something that was intended as a bar between the building and the street seems to simply dematerialize. All that is left is a thin framework that springs back at right angles at the corner to meet another two-storey section of the new building at the end of the square yard formed by the frame.

The wall is reduced to small bridges and columns and offers only symbolic protection from the street. But even so the airy borderline is enough to suggest a forecourt to the entrance, a transition from the public open space of the street to the semi-public space of the entrance area. Its airy suggestion of a boundary makes the forecourt, approached by nine steps up from Westfalenstrasse and a lawn sloping down to Dortmunder Strasse, into an intermediate area between inside and outside. Already Axel Schultes staged his entrance to the Kunstmuseum in Bonn like this, though in a rather more ingenious way.

The visitor who is now at the same level as the door that leads into the foyer from the oval, hesitates. He is already halfway into the building itself in this courtyard a little higher than the street. This is something to do with the rear wall of the courtyard, which is formed by another part of the new building. It is glazed through two storeys, and thus affords an uninterrupted view into a communal office on the ground floor; on the first floor a bridge runs parallel to the glass wall and at a distance from it, and from this the closed offices are reached.

schoß; im ersten Obergeschoß verläuft parallel zur Glaswand und im Abstand zu ihr eine Brücke, von der der Weg in geschlossene Büros führt.

Die Mitarbeiter in diesen Büros sitzen sozusagen im Hof; sie arbeiten fast im Freien. Ihr Innenraum ist Außenraum. Ob soviel Transparenz der Arbeit bekommt, sei dahingestellt. Da es sich aber um einen öffentlichen Servicebereich handelt, ist soviel Öffentlichkeit akzeptabel. Und der Besucher, der hier am Eingang steht, freut sich über seinen Einblick in ein Haus und eine Behörde, von der man gemeinhin solche Offenheit nicht erwartet. Der Besucher freilich, der sich ein bißchen auskennt, betritt das Haus nicht durch den Haupteingang, sondern vom Service-Hof, wo sich die Parkplätze befinden.

Die Rückseite eines Hauses ist selten eine Augenweide; sie wird von Architekten und Bauherrn häufig stiefmütterlich behandelt. Die Fassade wird gewöhnlich sehr aufwendig gestaltet, und hinten wird gespart. Bei den alten Griechen hatten die Bauten keine Schauseite; erst die Römer erfanden den Frontcharakter in der Architektur. Dies soll nicht etwa besagen, daß die Wittener Stadtwerke mit einem griechischen Tempel zu vergleichen sind, aber ihre Kehrseite ist äußerst reizvoll.

Nur der Eingeweihte sieht, daß hier zwei zweigeschossige Altbauteile, die im rechten Winkel zueinander stehen, mit einer in voller Höhe verglasten Wand verbunden werden, unter der die Eingangshalle liegt. Der eine Baukörper ist der schon beschriebene Altbau entlang der Westfalenstraße mit seiner Stahlglasfassade und dem weit überstehenden, mit Stahlblech gedeckten Kaltdach auf sichtbarer Stahlunterkonstruktion; der andere Bauteil ist ein weißer Putzbau mit riesigen Fenstern unterschiedlicher Formate in schwarzen Rahmen, die weitgehend eben in der Fassade liegen. Dieser Bauteil erinnert in seinen Materialien und seiner Aufteilung sehr stark an beste Bauhaus-Architektur.

Der Himmel und das Licht sind in den nach Süden und Westen orientierten Büros dieses Trakts zu Hause, und zwar derart, daß ein weißer Sonnenschutz fast zu allen Tageszeiten voll heruntergelassen werden muß und dem

The staff in these first offices are effectively sitting in the courtyard; they are practically working in the open air. Their interior is an exterior. It remains to be seen whether so much openness is conducive to work. But as this part of the building is a public service area this degree of public exposure is acceptable. And the visitor standing at the entrance is pleased to be vouchsafed a glimpse of a building and an institution from which such openness is not expected. Admittedly, visitors who know their way around do not go in through the main entrance but from the service courtyard where the car-park is.

The back of a building is rarely a sight for sore eyes; it is often neglected by architects and clients. The façade is designed very lavishly, and savings are made at the back. Buildings did not have a show side in ancient Greece; it was the Romans who put the idea of a front into architecture. This is not to say that the Witten municipal services is comparable with a Greek temple, but the back of their building is extremely attractive.

Only the initiated will see that two two-storey old buildings at right angles to each other are joined together here by a wall glazed to its full height, under which the entrance hall is situated. One building that has already been described is the old building on Westfalenstrasse with its steel façade and a widely overhanging ventilated roof covered in sheet steel and with a visible steel substructure; the other section of the building is a white rendered structure with gigantic windows in different shapes in black frames, largely flush with the façade. This section's materials and the way in which it is divided up are strongly reminiscent of the best Bauhaus architecture.

There is a great deal of sky and light in the offices in this section facing south and west, to the extent that white sunshades have to be lowered at almost all times of the day, depriving the building of a lot of its open quality. The English word »blinds« would be entirely appropriate here, as the building does look as thought it has been blinded in many places.

Visitors standing in front of this western façade would

Haus viel von seiner Offenheit nimmt. Man möchte hier das so passende englische Wort »blinds« für Sonnenschutz verwenden, denn die Stadtwerke wirken in dieser Situation an vielen Stellen regelrecht erblindet.

Der Besucher, der vor dieser Westfassade steht, erkennt die Altbauten als solche kaum. Sie wurden so radikal entkernt – »aber ihr rationales Konzept hätten wir nicht besser erfinden können« (Friedrich) – und umgebaut, daß sie sich dem ungeschulten Auge wie Neubauten präsentieren. Freilich wäre dann ein elegantes Nottreppenhaus, das an der Außenschmalseite zur Westfalenstraße liegt, ganz anders gelöst worden. Es besteht aus einem zweigeschossigen gläsernen Ausbau, an dem alles stimmt: das leicht schräge Dach, das an den Hauptbau harmonisch anschließt, die Rahmenformate der Glaskonstruktion, der Übergang zum Altbau, die schön detaillierte Treppe.

Man braucht den Blick auf den Gesamtgrundriß, um zu begreifen, wie die Eingangshalle die verschiedenen alten und neuen Teile des Gebäudes miteinander verbindet. Die-

scarcely recognize the old buildings as such. They were so radically gutted – »but we could not have invented its rational concept any better« (Friedrich) – and rebuilt that they look like new buildings to the untrained eye. Admittedly an elegant emergency staircase on the narrow exterior side facing Westfalenstrasse would then have turned out differently. It consists of a two-storey glazed extension about which everything is right: the slightly sloping roof, joining harmoniously on to the main building, the frameformats, in the glass structure, the transition to the old building, the beautifully detailed steps.

You need to look at the ground plan as a whole in order to be able to understand how the entrance hall joins the various old and new parts of the building together. This foyer, which is used exclusively for the movement of people, demonstrates a wonderfully extravagant handling of space. It is rare for a public institution to be able to afford this kind of thing today; an architect who can persuade his client to do such a thing is a rarity.

Der Neubau der Hauptverwaltung im industriellen Umfeld des Stadtrandes
The new main administration building of the municipal services in the industrial zone at the city's periphery

Lageplan
Site plan

Neubau der Stadtwerke Witten
New building of the Municipal
Services Witten

ses Foyer, das ausschließlich Verkehrsraum ist, bietet eine wundervolle Verschwendung an Raum. Eine Behörde, die sich dergleichen heute leistet, ist selten; ein Architekt, der solches bei einem öffentlichen Bauherrn durchsetzt, ist eine Rarität.

Dieser Raum wird in seiner gesamten Ausdehnung von einem Glasdach mit unregelmäßig geneigten Sheds überdeckt, das den Himmel und das Licht in das Haus holt, und ist das Herz der Stadtwerke, ein transparentes Herz, klar gegliedert und übersichtlich und dennoch verwirrend in der Fülle seiner raumgestaltenden Elemente: Die Ein-, Aus- und Durchblicke in offene Bürozonen, in das Café, auf Emporen, in Treppenhäuser und Flure, die Auf- und Untersichten auf Brücken, Stege, Rampen, durch runde und quadratische Fenster, durch Rahmen und aufgeschnittene Wände sind so vielfältig, daß das Auge ständig weitergezogen wird und wandert. Daß diese Mannigfaltigkeit der Gestaltung dennoch nicht unruhig oder gar chaotisch wirkt, liegt an der sich durch alle Raumvielfalt ziehenden Ordnung und der disziplinierten Farbgebung, die sich auf das Weiß der Wände, das Schwarz der Fensterrahmen und den hellen Holzton des Parkettbodens beschränkt.

Das beherrschende Element des auf drei Seiten von offenen Galerien umgebenen Foyerraumes ist eine große Rampe, die mit kühnem Schwung in der Mitte der Halle eine Kehrtwendung vollzieht und im ersten Geschoß mündet. Der Bauherr hält diese Rampe für überflüssig, weil der Weg über sie zu lang sei und sie denjenigen, der sie benutze, auf unangenehme Art und Weise exponiere. Das mag so sein, aber ohne die Brücke fehlte dem Raum des Foyers etwas. Ohne die plastische Wirkung dieser Rampe wäre das Foyer zwar auch schön, aber nicht der besondere Raum, der er ist.

In diesem an ein Theater mit seinen Rängen erinnernden Foyer bildet die Rampe so etwas wie eine »dritte Galerie«. Denn bei der Konzeption der Halle war auch daran gedacht, sie für Konzerte zu nutzen. Diese Anforderung führte zu der ausgewogenen Akustik des Raumes, dessen komplexes Gefüge zusammen mit einem Schallputz unter

This space is covered throughout its extent by a glass roof with irregularly inclined north-light roofs, that brings the sky and light into the building and is the heart of the institution, a transparent heart, clearly articulated and comprehensible and yet bewildering in the abundance of its space-shaping elements: glimpses into, out of and through open-plan office areas, into the café, into galleries, into staircases and corridors, to bridges, walkways, ramps, through round and square windows, through frames and opened walls, are so numerous that the eye is constantly drawn on and encouraged to roam. This multiplicity of design does not seem restless or even chaotic, because of the order that runs through all the spatial diversity and the disciplined colour scheme, limited to the white of the walls, the black of the window frames and the light shade of the wooden parquet floor.

The dominant element of the foyer, surrounded by open galleries on three sides, is a large ramp that makes a bold and vigorous about-turn in the middle of the hall and leads to the first floor. The client thinks this ramp is superfluous because it is too round-about a way and that it exposes people who use it in an unpleasant fashion, which is certainly all true. But the ramp and its turn is also very important for the space. Without the three-dimensional effect of this ramp the foyer would still be beautiful, but not the special space that it in fact is.

The ramp forms something like a »third gallery« in this foyer, reminiscent of a theatre with its balconies. When the hall was conceived there was an idea that it might be used for concerts. This requirement led to the balanced acoustic of the space, whose complex structure, together with sound-absorbing plaster under the ceiling, meets the requirements of a concert hall – so the architect says. The author, who has not yet heard a concert there, remains a little sceptical.

The architect had originally planned a pool, whose splashing water was to give the space a certain basic sonorous background. The pool was to have been placed under the ramp, which is so solidly anchored to the floor that

der Decke die Konditionen eines Konzertraumes erfüllt – so der Architekt. Die Autorin, die noch kein Konzert dort erlebt hat, bleibt ein wenig skeptisch.

Unter der massiv im Boden verankerten Rampe, die infolgedessen auch dann nicht zittert, wenn mehrere Personen sie eiligen Schrittes begehen, hatten die Architekten ursprünglich ein Wasserbecken geplant, wo plätscherndes Wasser dem hellhörigen Raum eine gewisse Grundton-Geräuschkulisse gegeben hätte. Daß diese Idee nicht verwirklicht wurde, ist keineswegs schade, denn ein weiteres Element in diesem vielgestaltigen Raum wäre vielleicht eher des gestalterischen Guten zuviel gewesen. Beim leicht erhöhten Blick von der Rampe erschließt sich der Raum nach allen Seiten. Die rigorose Farbbeschränkung gewinnt von hier aus Schattierungen und Nuancen. Das Foyer ist ein in sich stimmiger, schöner Raum.

Wenig überzeugend dagegen der Blick durch das Glasdach auf den dreigeschossigen Ovalbau, der dräuend wie ein Berg über der transparenten Halle aufragt. Die Betonkonstruktion dieses Bauteils auf ovalem Grundriß ruht auf Stützen vor der Fassade und zwei Stützen im Foyer, deren tragende Funktion auch deutlich wird. Dennoch scheint die Konstruktion – jedenfalls vom Foyer aus – auch fast auf dem Glasdach aufzusetzen und zu ruhen. Der Betrachter weiß, daß dies nicht so ist, doch der Eindruck von Massivität und Schwere bleibt und beunruhigt. Der Architekt spricht an dieser Stelle von einer gewünschten optischen Vernetzung von Ovalbau und Foyer, von einem beabsichtigten Bruch und einer gewollten Irritation. Für die Autorin ist diese Erklärung zwar rational nachvollziehbar, hilft ihr aber nicht, der emotionalen Beklemmung Herr zu werden.

Der Besucher gewinnt den Eindruck von größter Sorgfalt und Disziplin in der Detailgestaltung von Türen, Fenstern und von Möbeln, Tresen, Wendeltreppen im Foyer und im Café, wenn er via Aufzug oder durch ein Treppenhaus, das aus der Fassade in den Eingangshof hineinreicht, in die oberen Geschosse des Büroturmes fährt oder geht.

it does not shake even if several people are hurrying up and down it at once. It is certainly not a pity that this idea was not realized, as another element in this multi-faceted space would perhaps been too much good design all at once. The room opens up on all sides when viewed from the slight elevation of the ramp. The rigorously restricted colour scheme acquires shades and nuances from this viewpoint. The foyer is a beautiful space, consistent within itself.

However, the view through the glass roof onto the three-storey oval building that towers threateningly like a mountain over the transparent hall is less convincing. The concrete structure of this section of the building on an oval ground plan has stays in front of the façade and three stays in the foyer, and their load-bearing function is very clear. And yet the structure – seen from the foyer – seems almost as though it touches down and rests on the glass roof. The viewer knows that this is not the case, but the impression of massiveness and weight remains, and is disturbing. The architect speaks at this point of a desired visual interlinking of oval building and foyer, of an intentional break and an intended irritation. The author finds this explanation rationally comprehensible, but it does not help her to overcome her emotional unease.

The visitor gains an impression of the greatest possible care and discipline in the detailed design of doors, windows, and of furniture, counters, spiral staircases in the foyer and the café, when travelling by lift or walking up the staircase that juts out from the façade into the entrance courtyard, into the upper storeys of the office tower.

The offices in this oval building are all placed on the outer façade. The core is provided by the free-standing lift block and the toilets and mechanical services rooms. The hall around this core is open through three floors right up to the glass roof. Stays carry corridors and bridges to the individual rooms. Here, too, there are ingenious views through and outwards in all directions, from gently vaulting balconies through the glass of the roof into the sky.

Die Büros in diesem Ovalbau liegen alle an der Außenfassade. Den Kern bilden der freistehende Aufzugsblock sowie Toiletten und Technikräume. Der Flur um diesen Kern herum ist durch drei Etagen offen bis unter das Glasdach. Stützen tragen Gänge und Brücken zu den einzelnen Zimmern. Auch hier raffinierte Durch- und Ausblicke nach allen Seiten, von sanft sich vorwölbenden Balkonen, durch das Glas im Dach in den Himmel.

Die farbliche Zurückhaltung des Foyers herrscht auch hier: Anstelle des hellen Eichenparketts liegt in den Fluren des Ovalbaus allerdings grauer Teppichboden. Schön der Konferenzraum mit seiner komplex gestalteten Decke, der hellen Holzverkleidung, dem riesigen Fenster zur Straße und den acht sorgfältig gestalteten Lampengruppen. Die vom Architekten für den Vorraum entworfene kleine Getränkebar sollte das häßliche Provisorium ergänzen, das dort derzeit noch Dienst tut.

Das Gebäude der Stadtwerke ist ein scheinbar einfacher und dennoch äußerst vielgestaltiger Bau, souverän in sei-

The reticent colour scheme of the foyer has been carried through here as well, although the corridors of the oval building have grey carpets rather than light oak parquet. A conference room with its complex ceiling design is very fine, its light wood panelling, gigantic window to the street and eight carefully designed groups of lamps. The small drinks bar designed for the anteroom by the architect is intended to replace the ugly provisional facility that is still in service at the moment.

The municipal services building is an apparently simple and yet extremely multifaceted structure, totally in command in its complex order and disciplined in its choice of design resources and restriction to a limited number of materials and colours. Purism of this kind requires great care and consideration from the client. The gleaming white of the building needs to be looked after very carefully, the reduced quality of the rooms requires constant attention to avoid being made kitschy by ashtrays, flowerpots, notices etc., the kind of thing that tends to happen all too rapidly

ner komplexen Ordnung und diszipliniert in der Wahl seiner gestalterischen Mittel und der Beschränkung auf wenige Materialien und Farben. Solcher Purismus verlangt vom Bauherrn große Sorgfalt und Rücksichtnahme. Das strahlende Weiß des Gebäudes braucht Pflege, die Reduktion der Räume ständige Wachsamkeit, um die Verkitschung durch Aschenbecher, Blumenkübel, Schilder und andere Zutaten zu verhindern, wie sie sich mit Windeseile in jedem neuen Bau einzustellen pflegt. Ein gewisses Maß solcher »Ergänzungen« muß jeder Bau ertragen; was dieses gewisse Maß jedoch überschreitet, zerstört auch den schönsten Bau.

Ingeborg Flagge

in any new building. Any building has to put up with such »additions« to a certain extent; but anything in excess of this destroys even the most beautiful building.

Ingeborg Flagge

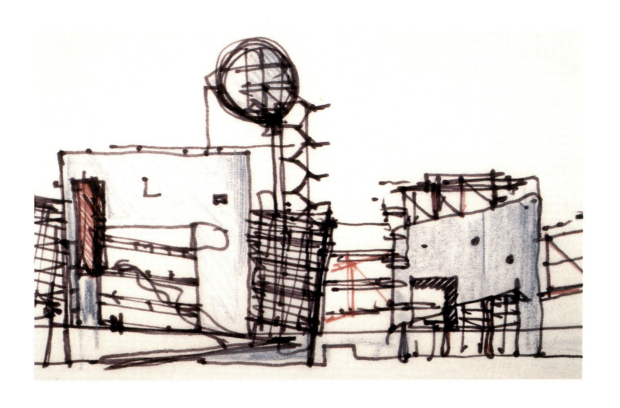

Der Haupteingang an der
Dortmunder Straße
The main entrance on
Dortmunder Strasse

Der gläserne Treppenturm an
der Dortmunder Straße
The glass staircase tower on
Dortmunder Strasse

Haupteingang
Main entrance

Blick auf den gläsernen Büro-
trakt am Eingangshof
View of the glazed office section
overlooking the entrance forecourt

Der Eingangshof mit Blick auf
die Konferenzebene
The entrace courtyard with view
of the conference level

Blick auf den umgebauten
Altbau vom Gartenhof aus
View of the renovated old build-
ing from the garden court

Das Treppenhaus am um-
gebauten Altbau
The staircase of the altered old
building

Das Wettbewerbsmodell
The competition model

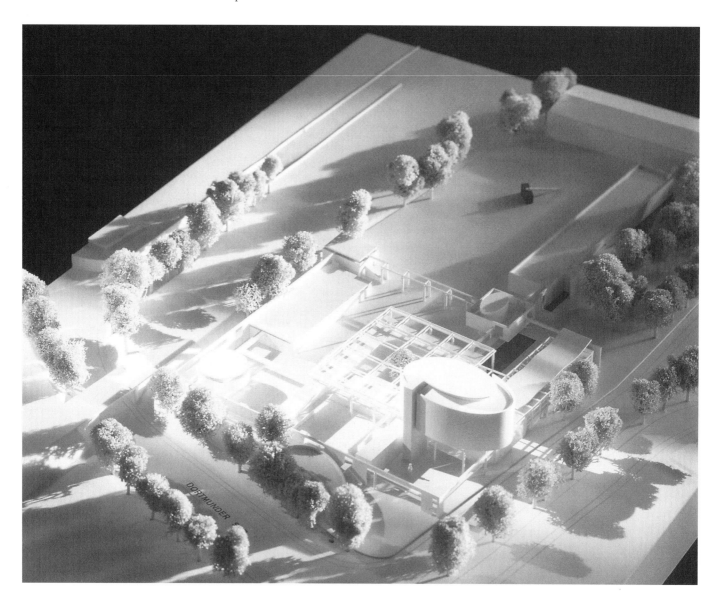

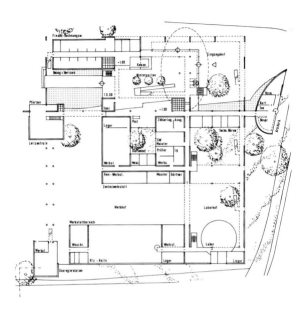

Oben: Grundriß Erdgeschoß
Unten: Grundriß 1. Obergeschoß
Top: ground-plan of the ground
floor
Bottom: ground-plan of the first
upper floor

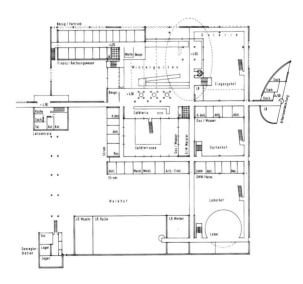

Blick vom Foyer auf den
Ovalbau
View of the oval building
from the foyer

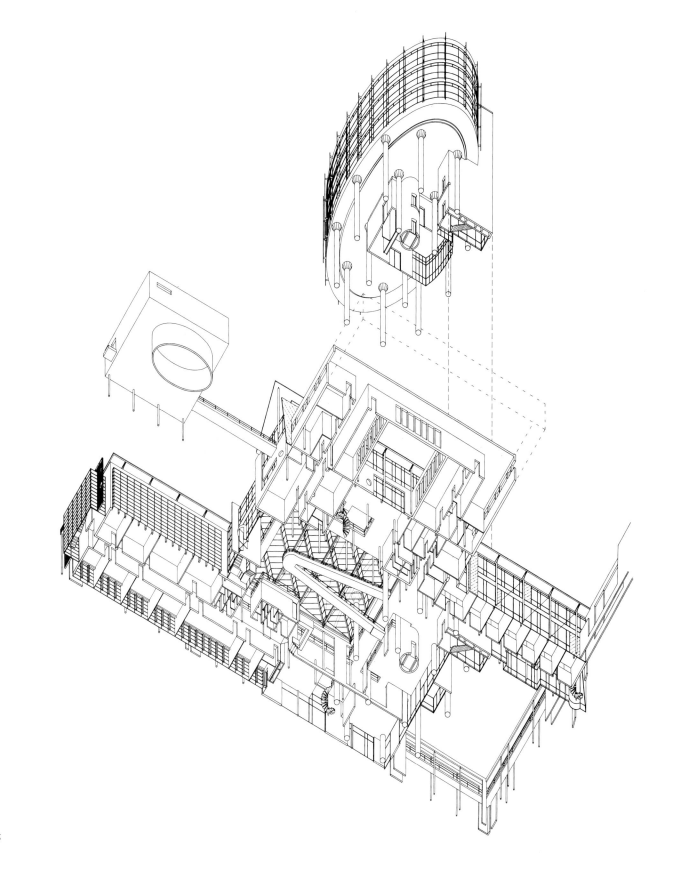

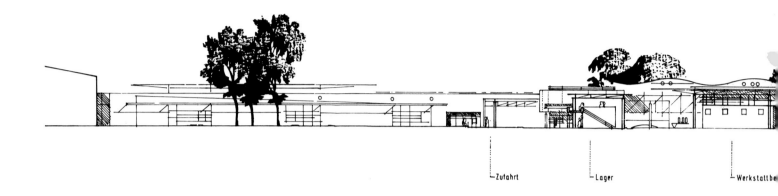

Zufahrt   Lager   Werkstattbe

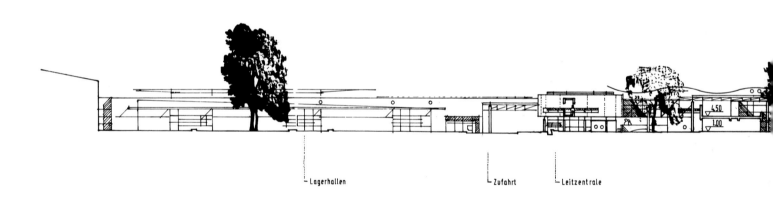

Lagerhallen   Zufahrt   Leitzentrale

└ Anlieferung   └ Techn. Büros   └ Dortmunder Straße

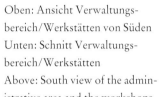

Oben: Ansicht Verwaltungs-
bereich/Werkstätten von Süden
Unten: Schnitt Verwaltungs-
bereich/Werkstätten
Above: South view of the administrative area and the workshops
Below: Section of the administrative area

...hof   └ Gartenhof   └ Techn. Büros   └ Dortmunder Straße

Blick aus dem Foyer in die
Cafeteria
View from the entrance hall
into the cafeteria

Blick aus dem Foyer auf den
Haupteingang
View from the entrance hall to
the main entrance

Detail Foyer
Detail of foyer

Die große Rampe im Foyer
The big ramp in the entrance hall

»Eine sonnenbeschienene, geputzte helle Wand, ein schräger, dunkler Schatten, präzise geputzte Öffnungen in der Straßenflucht:

Eine schmale Gasse in einem kleinen Dorf in Sizilien, kurz vor mittag, Sommer. Lernen von Sizilien?

Es ist nicht nur die komplexe Dichte, die in der Einfachheit einer solchen Architektur stecken kann, sondern es ist die emotionale Kraft des Lichtes, die in der Architektur über ihr Gegenteil, den Schatten, plastisch freigesetzt werden kann.

Es ist diese emotionale Kraft des Lichtes, die dem gebauten Raum zur architektonischen Identität verhilft und die so aus einer funktionalen Anforderung überhaupt erst eine Skulptur, ein Gebäude, eine Haltung werden läßt.

Dies versuchen wir mit einfachen Mitteln umzusetzen.«

Jörg Friedrich

»A sunlit brightly plastered wall, an oblique dark shadow, accurately rendered openings along the street building line:

A narrow lane in a tiny village in Sicily, shortly before noon, summer. Learning from Sicily?

It is not only the complex density that can be encompassed in such an architecture, rather, in architecture, it is the emotional force of light whose sculptural quality is released through its counterpart, shadow.

It is this emotional force of light that lends architectonic identity to every architectural space, turning a functional demand into a sculpture, a building, a stance.

This is what we seek to render through simple means.«

Jörg Friedrich

Ausstellungsebene im
1. Obergeschoß
Exhibition area on the first
upper floor

Die Konferenzebene, vom Foyer
aus gesehen
The conference floor, seen from
the foyer

Galerien im 1. Obergeschoß
Galleries on the first upper floor

Die Fuge zwischen Alt- und
Neubau
The joint between the old and
the new building

Stütze, Geländer, Wand
und Decke
Column, railing, wall and ceiling

Der große Konferenzsaal im
1. Obergeschoß
The big conference hall on the
first upper floor

Blick in die Bürogeschosse des
Ovalbaus
View into the office storeys of
the oval building

Der Aufzugsturm im Foyer
The elevator tower in the
entrance hall

Der Aufgang zum Dachgarten
The staircase to the roof garden

Bürobereich im Ovalbau
Office area in the oval building

DER ARCHITEKT
THE ARCHITECT

1951
geboren in Erfurt
Architekturstudium
in Stuttgart
seit 1980
freischaffender Architekt
mit Büros in Düsseldorf
und Hamburg
1981
Rom – Preis der
Bundesrepublik Deutschland
– Villa Massimo –
seit 1983
Lehraufträge an der
Universität Hamburg
1984
Förderpreis für junge
Künstler in Nordrhein-Westfalen
1986
Förderpreis
der Stadt Hamburg zum
Fritz-Schumacher-Preis
1988
Architekturpreis
der Stadt Recklinghausen
Berufung zum Professor
für Entwurf und
Baukonstruktion, Hamburg
1990
Berufung in die Freie Akademie
der Künste in Hamburg

1951
born in Erfurt
studied architecture
in Stuttgart
since 1980
established himself as an inde-
pendent architect with studios in
Düsseldorf and Hamburg
1981
lived in Rome – Villa Massimo
Award of the Federal Republic
of Germany
since 1983
lectures at Hamburg University
1984
received a grant (Förderpreis)
for young artists in North Rhine-
Westphalia
1986
received a grant in the framework of the Fritz-Schumacher-
Prize of the city of Hamburg
1988
Architecture Award of the city
of Recklinghausen
appointed a Professor for Design
and Construction, Hamburg
1990
nominated to the Freie Akademie
der Künste, Hamburg

MITARBEITER DES BÜROS
STAFF MEMBERS

Götz Schneider
und
Alessandro Dalpiaz
Andreas Aug
Andreas Kühn
Artur Schneider
Axel Gaede
Bjarne Henning Dehs
Björn Papay
Carlo Zilli
Christiane Tinkhausen–Linne-
kogel
Christina Dirk
Christine La Porte
Claudia Spinello
Dagmar Cordes
Detlev Korn
Dirk Niehus
Elke Banz
Elmar Holtkamp
Elmar Rottkamp
Frank Thiele
Frauke Fahrenkrug
Georg Feyerabend
Hauke Rietdorf
Herbert Goß
Ina Möller
Inke Borgwardt
Ivana Paonessa
Jochen Flörchinger
Jörg Purwin
Jürgen Klein
Jürgen Schwarz
Karin Schubert
Katharina Gaebel

Kay Sawadda
Kirsten Hohoff
Kirsten Stübbe
Kirstin Sommer
Lars Wittorf
Marion Güthe
Martin Kreienbaum
Mathias Köhler
Michael Benthack
Michel Obladen
Miriam Janssen
Nadja Trageser
Nikolaus Gurr
Nicole Wagner
Norbert Barstat
Peter Kuhl
Pirke Kurzeja
Ralf Kohfeld
Robert von Sichart
Sabina Laß
Sabine Herrmann
Sebastian Franzius
Silke Kruse
Silke Tuchtenhagen
Stefan Münzesheimer
Stephan Tietjen
Susanne Mende
Thomas O. Braun
Thomas Schröder
Thomas von Amelunxen
Thorsten Freier
Tilmann Grube
Ulrich Salzmann
Verena Klumpp
Wilfried Kneffel

BAUTEN UND PROJEKTE
1985–1993
DESIGNS AND REALIZED PROJECTS
1985–1993

Wettbewerbe und Gutachten
Competitions and expert reports
1. Preise und Sonderankäufe

Theater der Stadt Gütersloh
Gütersloh
1. Preis, 1994
(Seite 69, oben)

Zentralredaktion und
Hauptverwaltung
DER SPIEGEL
Hamburg
1. Preis, 1993

Altenpflegezentrum,
Kindergarten und Altenwohn-
anlage »St. Loyen«
Lemgo
1. Preis, 1992
(Seite 69, unten)

Audimax und Mensa
Zentraler Hochschulbereich
Flensburg
1. Preis, 1992
(Seite 79, unten)

Verwaltungsgebäude
Gotenstraße
Hamburg
1. Preis, 1992

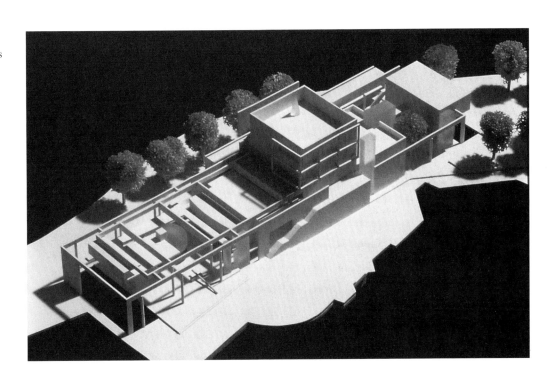

Verwaltungszentrum
Wilhelmsruher Damm
Berlin
1. Preis, 1992
(Seite 79, oben)

Führungsakademie
der Deutschen Bundespost
Bad Saarow/Berlin
1. Preis, 1991

Erweiterung Jarrestadt
100 Wohnungen
Hamburg
1. Preis, 1991

Verwaltungszentrum Millerntor
Hamburg
1. Preis, 1991
(Seite 70, unten; Seite 71, oben)

Kindergarten »Kleinsiep«
Düsseldorf-Kleinsiep
1. Preis, 1990

Verwaltungszentrum
Ericusspitze
Hamburg
1. Preis, 1990
(Seite 70, oben)

Neubau und Umbau des
Historischen Rathauses
Datteln/Westfalen
1. Preis, 1990

Technologiezentrum Stadtwerke
Saarbrücken
Sonderankauf 1990

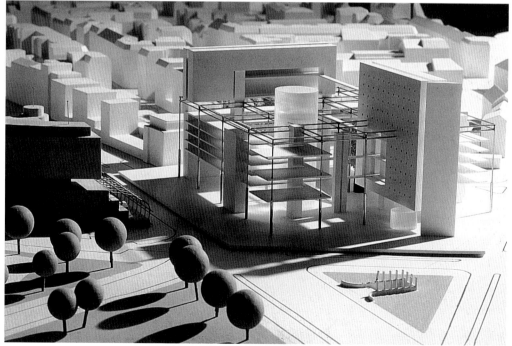

Zentrale Hauptverwaltung
der Stadtwerke
Witten/Westfalen
1. Preis, 1989

Stadthalle und Neugestaltung
des Stadtparks
Wülfrath/Düsseldorf
1. Preis, 1989

Einkaufszentrum und Parkhaus
Stadtmitte
Lage/Westfalen
1. Preis, 1989

Architektenhaus der
Architektenkammer
Stuttgart
Sonderankauf, 1989

Wohnbebauung und Parkhaus
Borchener Straße
Paderborn
1. Preis, 1988

Studentenwohnheim der
Deutschen Bundespost
Neuss
1. Preis, 1986

Seca GmbH Hamburg
Neubau des Produktionsgebäu-
des und der Verwaltung
Hamburg
1. Preis, 1986
(Seite 71, unten)

Marktplatzbebauung und Platz-
neugestaltung des Historischen
»Alten Marktes«
Remscheid/Lennep
1. Preis, 1986

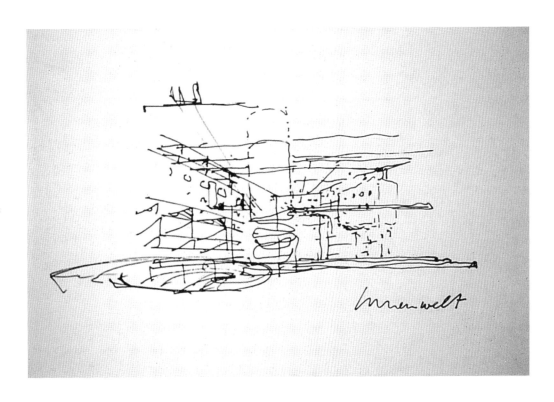

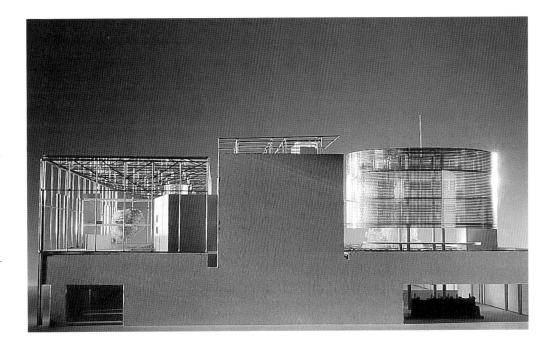

2. Preise
2nd Prizes

Forschungszentrum für
Mikrostrukturtechnik
Universität Wuppertal
2. Preis, 1990

Gesamtschule Viersen
2. Preis, 1992

Verwaltungsneubau Meerbusch-
Büderich
2. Preis, 1990

Advocard
Verwaltung Heidenkampsweg
Hamburg
2. Preis, 1989

Burchardplatz
Hamburg
2. Preis, 1988

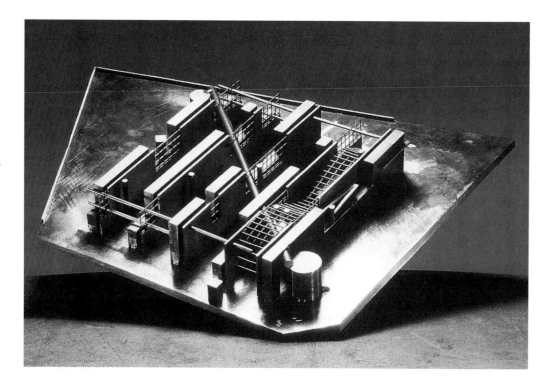

Ankäufe

Amts- und Landgericht
Bonn
1. Ankauf, 1993

Turiner Straße
Köln
Ankauf, 1993
(Seite 73)

Stadthalle Lemgo
1. Ankauf, 1991

Neubau Kaufhof AG
Erweiterung Parkhaus
Köln
1. Ankauf, 1989

Freizeithallenbad
Dülmen
1. Ankauf, 1989

Museum der
Volkswagen AG und
Neubau Stadtverwaltung
Wolfsburg
Ankauf, 1989

Wohngebiet Bad Salzuflen
1. Ankauf, 1988

Amtsgericht und
Wohnbebauung
Eschweiler
1. Ankauf, 1988

Salzhof
Bad Salzuflen
1. Ankauf, 1979

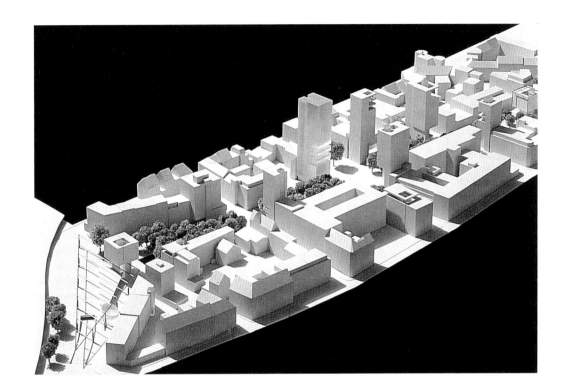

Fertiggestellte Bauten (Auszug)
Realized projects (Selection)

Zentrale Hauptverwaltung
der Stadtwerke
Witten/Westfalen
Fertigstellung: 1993

Städtische Kliniken
Strahlentherapie und
Linearbeschleuniger
Duisburg
Fertigstellung: 1990
(Seite 74)

Studentenwohnheim der
Fernmeldeschule der
Deutschen Bundespost
Neuss
Fertigstellung: 1990
(Seite 75)

Erweiterung Jarrestadt
Wohnungsbau
Hamburg
Fertigstellung: 1993

Kindergarten
Düsseldorf-Kleinsiep
Fertigstellung: 1993

Justizakademie
des Landes Nordrhein-Westfalen
»Gustav-Heinemann-Haus«
Recklinghausen
Jörg Friedrich, Ingeborg Lind-
ner, Jürgen Böge
Fertigstellung: 1989
(Seite 76/77)

Gesamtschule Tiergarten
Stephanstraße
Jörg Friedrich, Ingeborg Lind-
ner, Jürgen Böge
Berlin
Fertigstellung: 1987

Bankhaus
Warburg, Brinkmann, Wirtz
Erweiterung des Neorenaissance-
palais des Hamburger Stamm-
hauses – Fassade –
Hamburg
Jörg Friedrich, Ingeborg Lind-
ner, Jürgen Böge
Fertigstellung: 1987

Projekte (im Bau oder in der
Planung)
Projects under construction

Zentralredaktion und
Hauptverwaltung
DER SPIEGEL
Hamburg
(Seite 78)

Audimax/Mensa/Zentraler
Hochschulbereich
Flensburg
geplante Fertigstellung: 1995
(Seite 79, unten)

Altenpflegezentrum
mit Altenwohnungen, Kindergarten und Dienstwohnungen
Lemgo
geplante Fertigstellung: 1995

Fortbildungsakademie der
Telekom und Umbau der historischen Villen- und Parkanlage
Bad Saarow-Pieskow/Berlin
geplante Fertigstellung: 1995

Verwaltungszentrum
Wilhelmsruher Damm
Berlin
geplante Fertigstellung: 1996
(Seite 79, oben)

»Loft-Studios«
Tonstudios und Ateliergebäude
Hamburg
geplante Fertigstellung: 1995

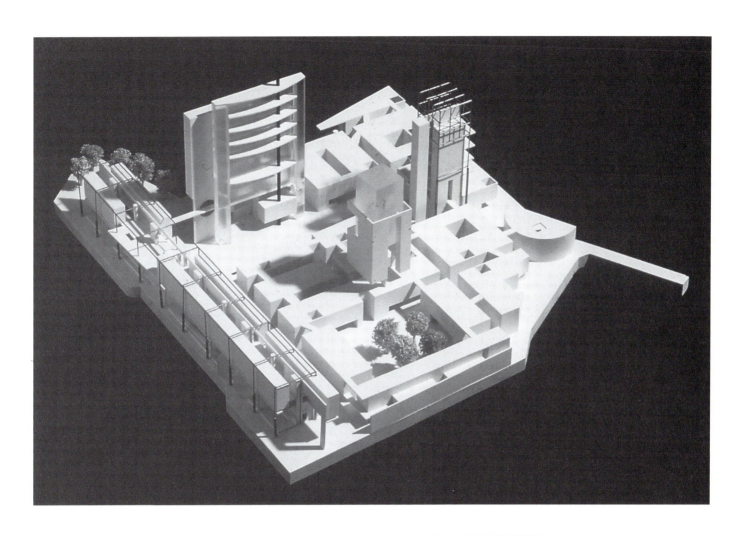